AF267997

DU PROVISOIRE

ET DU

MOYEN D'EN SORTIR AU PLUS VITE

PAR E. DE WISSOCQ

ANCIEN PRÉFET DE LA CHARENTE-INFÉRIEURE

PRIX : UN FRANC

PARIS

E. LACHAUD, ÉDITEUR

4, PLACE DU THÉATRE-FRANÇAIS, 4

1872

DU PROVISOIRE

ET DU MOYEN

D'EN SORTIR AU PLUS VITE

DU PROVISOIRE

ET DU

MOYEN D'EN SORTIR AU PLUS VITE

PAR E. DE WISSOCQ

ANCIEN PRÉFET DE LA CHARENTE-INFÉRIEURE

PARIS

E. LACHAUD, ÉDITEUR

4, PLACE DU THÉATRE-FRANÇAIS, 4

—

1872

DU PROVISOIRE

ET DU MOYEN D'EN SORTIR

Exposé de la situation.

Obérée dans ses finances par les emprunts, les prodigalités et les dilapidations de l'empire, ruinée par la guerre si follement entreprise en 1870, désorganisée par une révolution conséquence de la corruption et de l'action démoralisante du gouvernement impérial, la France doit payer, d'ici à deux années, trois milliards pour compléter sa rançon.

Pour réunir cette somme énorme et réparer ses désastres, notre malheureux pays a impérieusement besoin de voir renaître la confiance, condition indispensable pour la reprise des affaires et du travail paralysés par l'inquiétude où nous maintient le provisoire dans lequel nous vivons depuis le mois d'août 1870.

Pour nous tirer de ce provisoire on avait compté sur l'Assemblée souveraine élue en février 1871 et investie des pouvoirs les plus étendus. Plus d'une année s'est déjà écoulée et nous ne sommes pas sensiblement plus avancés que le premier jour ; l'Assemblée n'a pour ainsi dire encore rien fait et ne paraît pas disposée à se presser. Divisée en un trop grand nombre de partis, composée d'hommes en général fort honnêtes, mais d'opinions exaltées, d'hommes dominés par l'esprit de parti et incapables de faire des concessions suffisantes pour arriver à s'entendre, cette Assemblée paraît condamnée fatalement à l'impuissance. Cependant le temps marche, l'échéance des trois milliards se rapproche chaque jour, l'inquiétude et le mal qu'elle cause, au lieu de diminuer, vont croissant, et chacun se demande : Quand sortirons-nous du provisoire? Que fait, que doit faire l'Assemblée souveraine pour atteindre ce but? par quoi doit-elle commencer? Cette préoccupation si naturelle s'est encore accrue au mois de janvier dernier, lorsque le simple bruit de la démission de M. Thiers, à propos d'une question complétement étrangère à la politique et dans laquelle il était loin d'avoir raison (a), a suffi pour faire craindre une crise et causer un effroi général.

Une situation si précaire, d'autant plus précaire que la majorité des membres de l'Assemblée est hostile au chef du pouvoir exécutif, ne saurait se prolonger longtemps ; il est indispensable de la faire cesser au plus vite, il est indispensable ou de la consolider de suite ou d'en créer une autre plus stable et susceptible d'inspirer la confiance qui fait si gravement défaut.

On a vu des situations plus tristes, plus déplorables ; mais à aucune époque on n'en a vu une aussi anormale, aussi incroyable et aussi grosse des plus flagrantes contradictions.

En effet, d'un côté, nous voyons une Assemblée accueillie avec enthousiasme à son début, dont les membres ont été nommés presque tous par plus des trois quarts ou des quatre cinquièmes des votants, et qui, au bout de quelques semaines, est déjà discréditée et en complet désaccord avec ceux qui l'avaient élue.

Nous voyons :

Une Assemblée composée en majeure partie de membres essentiellement monarchistes, qui, pouvant à l'origine proclamer la monarchie avec quelques chances de succès, crut imprudent de le faire et, par patriotisme ou par sagesse, pour ne pas exposer le pays à une guerre civile, y renonça ; et qui, le lendemain, regrettant son bon mouvement, manœuvrait déjà pour préparer le retour de cette forme de gouvernement qu'elle avait pu et n'avait pas osé proclamer.

Une Assemblée qui, trouvant la nation divisée en un grand nombre de partis dont aucun n'est assez fort pour lutter seul contre les anarchistes qui sont unis et forment un parti compacte, comprit que l'union de tous les amis de l'ordre était indispensable pour permettre au pays de cicatriser ses blessures et de réunir la somme nécessaire au payement de sa rançon ; comprit que cette union ne pouvait s'établir que sur un terrain neutre, c'est-à-dire en maintenant la situation existante, laquelle n'est ni la république ni la monarchie, et décréta, sous le nom de pacte de Bordeaux, une trêve dont la conséquence implicite était évidemment le maintien du *statu quo* au moins jusqu'en 1874, et cependant, dès le lendemain, la majeure partie des membres de cette Assemblée travaillait à miner ce *statu quo*, à l'empêcher de se consolider et même allait presque jusqu'à conspirer contre lui, les uns en France, les autres à l'étranger.

Une Assemblée aux tendances monarchistes, qui, à son début, comprend qu'une Assemblée ne peut administrer elle-même, que, conformément aux traditions monarchistes, il faut un chef unique du pouvoir exécutif, et, alors, délègue ce pouvoir à une seule personne, choisissant un de ses membres, l'élu de vingt-six départements, homme d'ordre, d'un mérite supérieur et incontesté, dont le choix, accueilli avec transport, calme beaucoup d'inquiétudes, ranime les espérances et fait jusqu'à un certain degré renaître la confiance ; puis, quelques semaines à peine après, cette même Assemblée, au mépris des traditions monarchistes, cherche à reprendre le pouvoir qu'elle a délégué, fait tous ses efforts pour affaiblir l'autorité de celui qu'elle a élevé la veille, et replonge immédiatement le pays dans le provisoire dont elle venait, jusqu'à un certain point, de le tirer et dont il avait cru les inconvénients ajournés durant quelques années par la nomination d'un chef du pouvoir exécutif, par le choix d'un homme aussi considéré et donnant autant de garanties que M. Thiers ;

Une Assemblée composée en majorité de monarchistes, qui abandonne les errements monarchiques pour suivre ceux de la Convention et de la Commune et veut, comme celles-ci, gouverner elle-même, ôter toute force et toute initiative au pouvoir exécutif et ne voir dans le chef de ce pouvoir qu'un instrument, un homme de paille endossant la responsabilité mais restant un simple commis révocable à toute heure ;

Une Assemblée composée en majorité de monarchistes, qui n'ose, il est vrai, agir aussi franchement que les communards en imposant, comme eux, à son délégué, l'obligation de remettre chaque semaine à ses pieds le mandat qu'il a reçu ; mais qui travaille sourdement à obtenir le même résultat;

Une Assemblée dont la majorité est composée de membres qui en leur qualité de monarchistes se prétendent essentiellement conservateurs, qui durent leur élection à ce qu'on les croyait tels, et dont cependant la plus grande préoccupation est d'ébranler ce qui existe et d'en empêcher la consolidation ; tandis que la minorité, composée de républicains accusés autrefois d'être des hommes de renversement et anticonservateurs, travaille de tous ses efforts à consolider la situation et à prévenir tout bouleversement;

Une Assemblée qui croit un triomphe de la Commune à Paris tellement possible, probable ou même prochain, qu'elle n'ose rentrer dans la capitale, et qui, cependant, ne se préoccupe pas le moins du monde du danger qu'offre, dans ce cas, le maintien des fortifications, et, au lieu de songer à ordonner leur démolition immédiate, a laissé, sans faire la moindre observation, réparer les brèches par lesquelles l'armée de Versailles est entrée dans Paris et pourrait y entrer une seconde fois si, conformément à ses craintes et à ses prévisions, une nouvelle insurrection victorieuse avait lieu dans la capitale (*b*).

D'un autre côté, nous voyons le chef du pouvoir exécutif, délégué d'une Assemblée souveraine, lutter incessamment contre le souverain dont il est l'émanation. Nous voyons parfois ce délégué dominer par la seule menace de sa démission ce souverain excessivement jaloux de sa prérogative, puis tout à coup, dans une autre circonstance, nous voyons ce même homme, si énergique un moment auparavant, mollir et se montrer d'une faiblesse étonnante. Nous le voyons, par exemple, n'osant destituer ni même renvoyer à son poste un haut fonctionnaire qui l'avait quitté pour venir au sein même de l'Assemblée travailler contre l'ordre de choses existant et soutenir les manœuvres d'un prétendant tellement pressé d'arriver au trône qu'il n'a pas la patience de laisser à la France le temps de se refaire et de payer sa rançon. Nous voyons toutes les administrations peuplées de créatures du gouvernement impérial, qui occupent encore une foule des emplois les plus élevés et les plus importants, sans que le chef du pouvoir exécutif ose toucher à aucun d'eux, et cela au moment même où les menées bonapartistes ne sont un mystère pour personne et où le gouvernement sent la nécessité de demander des lois exceptionnelles pour défendre l'ordre de choses existant contre ces menées (*c*).

Nous voyons un conseil des ministres composé des éléments les plus hétérogènes, où figurent les opinions les plus opposées, dont une partie des membres est antipathique à l'autre, à tel point, qu'un beau jour, l'un d'eux a jeté en plein tribunal l'insulte à la face de ses collègues et du chef du Gouvernement en les accusant d'avoir commis une illégalité odieuse; et, ce qu'il y a de plus incroyable, nous voyons le Gouvernement menacé d'une interpellation tendant à la dissolution du ministère pour avoir demandé ou accepté la démission du ministre qui avait insulté publiquement le chef du pouvoir (*d*).

Enfin, d'un troisième côté, nous voyons un pays fatigué subitement d'une Assemblée qu'il venait de nommer avec un élan et un ensemble extraordinaires, un pays qui, quatre mois à peine écoulés, aux élections du 2 juillet, se déjuge et proteste d'une manière significative contre les tendances de cette Assemblée en élisant, avec une majorité de voix écrasante, des candidats d'opinion diamétralement opposée, et qui, cependant, loin de chercher à chasser cette Assemblée dont il ne veut plus, accourrait avec ensemble et spontanéité à sa défense si elle était attaquée.

Causes qui ont amené et prolongent la situation actuelle.

Le remède à cette situation si anormale, si regrettable, peut paraître difficile à trouver et très-controversable; mais l'explication des causes qui l'ont amenée et qui la prolongent est évidente pour tous les hommes qui ont suivi avec attention les événements depuis février 1871; elle est dans presque toutes les bouches. La voici :

La majorité de l'Assemblée est composée de trois partis monarchistes, deux à peu près d'égale force en nombre, le troisième moins nombreux, mais compensant par l'intrigue et l'audace ce qui lui manque d'un autre côté. Aucun des trois ne se sent assez fort pour dominer les deux autres et placer immédiatement la couronne sur la tête de son prétendant à moins qu'un événement imprévu ne vienne à son aide. Par suite, tous trois, sans avoir eu besoin de s'entendre, se trouvent tacitement d'accord pour désirer la continuation du provisoire jusqu'à ce que surgisse cet événement ou cette occasion que chacun d'eux croit devoir lui être favorable. Tous trois comprennent que, si un essai de monarchie se fait encore avant un essai sérieux de la république et ne produit pas un gouvernement stable, qui vive plus long-temps que n'ont vécu les trois derniers essais de monarchie, dont le plus long a duré à peine dix-neuf années et dont les deux derniers ont eu pour triste résultat le triomphe et le gouvernement des rouges, cet essai sera le dernier qui se fera. Tous trois comprennent que le pays, voyant alors dans la monarchie un gouvernement tout à fait instable et temporaire, n'en voudra plus entendre parler. Cet essai de la monarchie devant en conséquence être le dernier et tout espoir de restauration s'évanouissant à jamais pour les deux dynasties qui ne seront point choisies, soit que l'essai réussisse soit qu'il ne réussisse pas, aucun des trois partis ne veut courir une chance aussi décisive à moins d'être assuré que le monarque choisi sera son prétendant; tous trois préfèrent maintenir momentanément la situation existante, qui, en compensation d'un moment de retard, leur laisse l'espoir que la souffrance causée par le provisoire discréditera la république, leur adversaire à tous trois; l'espoir que, le pays se fatiguant du gouvernement de transition auquel on a donné le nom d'essai de la République, ils auront plus de facilité pour arriver à leurs fins soit par l'effet de la lassitude, soit par un coup d'État accompli sans opposition.

Un de ces trois partis est, il est vrai, disposé, pour ressaisir le pouvoir, à tout tenter, même à courir le risque de nous faire repasser par la Commune; quelques exaltés des deux autres partis sont peut-être capables de ne pas se laisser non plus arrêter par la crainte d'un pareil malheur, mais la majorité des deux partis royalistes, composée d'hommes qui mettent leur amour pour le pays, leurs enfants et leurs familles au-dessus des passions politiques, ne voudrait à aucun prix exposer des intérêts si chers à être gravement compromis et n'est nullement disposée, en ce moment, ni à voter un coup d'État, ni à faire surgir un conflit sérieux entre l'Assemblée et le pouvoir exécutif. Cela explique la longanimité et la patience de l'Assemblée, ainsi que les concessions qu'elle finit toujours par faire, quoiqu'elle se regarde comme souveraine.

D'autre part, le chef du pouvoir exécutif, mû par la même pensée, par la crainte qu'un conflit entre les pouvoirs n'amène une révolution et à sa suite la Commune, sent également la nécessité de se montrer conciliant et de faire des concessions qui, souvent, lui coûtent beaucoup. Dans le but de calmer les partis ou de maintenir l'union entre les pouvoirs et le bon accord entre les diverses fractions de l'Assemblée, il suit un système de bascule d'où résultent des actes qui semblent incohérents et paraissent indiquer, d'un jour à l'autre, des tendances tout à fait contradictoires et difficiles à expliquer.

Enfin, l'immense majorité de la nation est, avant tout, amie de l'ordre et antirévolutionnaire; elle ne veut à aucun prix d'un conflit ni encore moins d'une attaque violente contre la situation ou contre l'un des pouvoirs qui en forment la base. Cette nation, tant calomniée par les partisans de la dictature ou du pouvoir absolu, qui, pour inspirer de l'inquiétude et obtenir l'appui des hommes ennemis des révolutions, accusent sans cesse le peuple français d'être ingouvernable et essentiellement révolutionnaire, cette nation, disons-nous, est tout le contraire de ce dont on l'accuse, et cela explique comment, étant si mécontente de l'Assemblée, elle serait prête à voler à son secours si elle était attaquée.

Après avoir, lors du plébiscite de 1870, donné une preuve éclatante de ses instincts conservateurs en accordant, par la seule crainte d'une révolution, sept millions cinq cent mille voix à l'Empire, dont elle était pourtant bien fatiguée, la majorité de la nation donna, aux élections de février 1871, une nouvelle preuve de son amour pour l'ordre et la tranquillité quand, par antipathie pour la dictature et les agissements de la délégation de Tours, par horreur pour les errements révolutionnaires et croyant trouver dans les principes monarchiques une garantie contre ces errements et contre une excessive instabilité du pouvoir exécutif, elle nomma avec ensemble une majorité de monarchistes. En voyant l'Assemblée débuter par la constitution d'un pouvoir exécutif à la tête duquel elle mettait un homme dont les antécédents connus donnaient les plus grandes garanties et faisaient espérer qu'en ses mains le pouvoir serait fort et stable, la nation eut, comme nous l'avons dit plus haut, un moment de bonheur et se félicita des choix faits par le corps électoral; puis, la décision de maintenir la situation existante jusqu'à la réorganisation complète du pays et jusqu'à la libération du territoire, au moyen d'une trêve entre les partis qui ajournait à plusieurs années toute lutte entre eux, causa une satisfaction générale, bien des inquiétudes se calmèrent, la confiance commença à renaître et les affaires parurent prêtes à reprendre. Mais, hélas! ces belles espérances ne tardèrent point à s'évanouir et le pays désappointé devint furieux contre cette Assemblée dont il avait salué les débuts avec tant d'enthousiasme, quand, peu de semaines après, il vit la majorité de ses membres travailler à défaire ce qu'ils avaient créé et à détruire les espérances que ses premiers actes avaient fait naître. Il est, dès lors, facile de concevoir pourquoi le pays, qui met sa tranquillité et son intérêt au-dessus de son amour pour la monarchie et surtout au-dessus du triomphe de tel ou tel prétendant, le pays à qui les changements sont toujours funestes ou au moins préjudiciables, le pays qui voit dans le maintien de la situation présente et surtout dans le maintien de M. Thiers à la tête du pouvoir exécutif un gage de repos et de fixité, a pris l'Assemblée en aversion, soutient M. Thiers même quand il a tort et lui donne la force dont il a besoin pour lutter contre l'Assemblée. Les membres de la majorité, en cherchant d'une manière trop incessante à ébranler la situation existante, ont fini par indisposer la population, qui a besoin de stabilité, d'ordre et de travail ; ils ont porté un coup terrible, sinon mortel, aux tendances vers la monarchie qu'ils voulaient faire triompher, et on peut dire, qu'en cherchant à renverser la république, ils ont fait pour elle plus que ses plus chauds partisans n'avaient pu faire en un siècle.

En résumé, trois choses expliquent pourquoi la situation actuelle subsiste et peut subsister encore longtemps malgré tous ses inconvénients et ses nombreuses contradictions. La première, c'est que la majorité actuelle de l'Assemblée, ayant une affection profonde pour la monarchie, est tout à fait hostile à la république et à sa consolidation ; la seconde, c'est l'existence de trois prétendants, la division des monarchistes en trois partis tranchés, profondément divisés, ennemis les uns des autres, dont chacun ne forme qu'une minorité dans la nation et dont aucun ne se sent assez fort pour se saisir aujourd'hui du pouvoir ou pour s'y soutenir ; la troisième, la plus puissante et en même temps la plus consolante, c'est que ni l'Assemblée, ni le chef du pouvoir exécutif, ni le pays ne veulent à aucun prix du retour de la Commune, la crainte salutaire que tous ont de ce retour est une excellente garantie contre le désordre et sert puissamment à maintenir la situation existante.

Ce que nous venons d'exposer fait comprendre comment, malgré les nombreuses contradictions dont elle fourmille, la situation actuelle peut subsister et même subsister longtemps. L'important serait de trouver le moyen de sortir de cette situation provisoire et inquiétante qui paralyse les affaires et consitue une véritable calamité.

Impuissance des moyens que les partis divers prônent comme susceptibles de mettre fin au provisoire.

Ce n'est ni en proclamant la république, comme quelques

personnes se l'imaginent, ni en proclamant la monarchie sans choix du monarque, ni même en proclamant l'un des prétendants qu'on peut sortir du provisoire au moment actuel.

La république n'est point par elle-même une chose parfaitement définie ; loin de là, il y a au moins autant de formes de républiques qu'il y a d'espèces de monarchies. Tant qu'on n'aura pas fixé la nature de celle qu'on veut proclamer et la constitution qui doit lui servir de base, le mot république ne sera qu'un mot vague, dont la proclamation ne saurait créer une situation fixe, stable et susceptible de nous faire sortir du provisoire ou d'en atténuer les inconvénients. La proclamation de la république, en irritant ses adversaires, qui regarderaient cet acte comme un échec ou une insulte, loin de consolider la situation, l'ébranlerait plutôt.

En quoi une proclamation pure et simple de la république changerait-elle la situation ? La république existe aujourd'hui de nom, elle existe même de fait, en tant qu'on peut appeler république le gouvernement informe que les circonstances nous ont imposé, gouvernement qu'on appelle essai de république et qu'on pourrait tout aussi bien appeler gouvernement provisoire servant d'expérimentation pour savoir si la monarchie est indispensable et si sans elle le pays peut subsister et améliorer peu à peu la situation la plus désastreuse qu'on ait jamais vue.

Cet essai informe imposé par des circonstances désastreuses et non par le désir de faire une expérience, a cependant eu un côté heureux ; il a contribué à ranimer un peu la confiance, à donner foi en l'avenir en démontrant que la majorité de la nation est tellement sage, tellement ennemie des révolutions et animée d'un si bon esprit, que l'ordre règne dans toutes les administrations et partout, bien que nous vivions sous un gouvernement de transition qui, en réalité, est une anarchie des mieux caractérisées.

Qu'est-ce, en effet, sinon une véritable anarchie, qu'un gouvernement où l'Assemblée, divisée en cinq ou six partis distincts et hostiles, ne peut organiser une majorité, où les attributions et les prérogatives des grands pouvoirs de l'État ne sont nullement définies et délimitées, où ces deux pouvoirs sont en désaccord presque constant?

Un pareil essai, s'il ne réussit pas, ne sera point pour cela un argument irréfutable contre la possibilité d'une bonne république, mais s'il se prolonge et réussit, si l'expérience démontre qu'on peut se passer d'un roi et qu'une république aussi informe que la situation actuelle, une république sans organisation, sans constitution, produit du hasard et des circonstances les plus tristes, a pu maintenir l'ordre et la tranquillité et même faire naître peu à peu une ombre de prospérité, ce sera sans contredit le meilleur argument en faveur du gouvernement républicain et la preuve que sous une république bien organisée le pays peut trouver le bonheur et la prospérité. Aussi est-ce de la part de certains républicains une grande erreur que de croire servir leur parti en demandant la proclamation immédiate de la république. Cette proclamation, sans aucune utilité pour le pays, qu'elle ne débarrasserait pas du provisoire et de l'inquiétude qu'il cause, compromettrait la république et lui serait fatale en lui faisant endosser la responsabilité d'une situation fâcheuse dont elle n'est en rien la cause, situation dont le maintien laisse au pays le temps de se réorganiser et fait ainsi son salut, mais qui, néanmoins, sera toujours considérée comme ayant été désastreuse. Ce sont les ennemis et non les amis éclairés de la république qui doivent désirer qu'on la proclame immédiatement.

Proclamer la monarchie sans proclamer en même temps le monarque, ce serait réserver un inconnu jusqu'au moment où le choix du roi aurait lieu, inconnu des plus dangereux, propre à amener des divisions et des luttes, susceptible d'augmenter l'inquiétude plutôt que de rétablir la confiance; ce serait tout simplement proclamer le prolongement du provisoire avec l'épée de la guerre civile suspendue sur nos têtes ; ce serait faire les affaires de l'empire et de la Commune.

Proclamer immédiatement l'un des prétendants, avant d'avoir discuté la charte ou constitution qui doit servir de base à son gouvernement, serait dans ce moment chose impossible ou d'une durée tout à fait éphémère, qui substituerait au provisoire actuel une situation beaucoup moins stable et plus désastreuse. Les partisans d'aucun des prétendants ne réunissent plus d'un tiers des membres de l'Assemblée ; et si, pour rassembler un plus grand nombre de voix et former faisceau, une fusion avait lieu entre deux des prétendants ou entre les deux fractions royalistes de l'Assemblée, cette fusion ne serait que partiellement ratifiée par les électeurs dont ces deux fractions sont les mandataires ; elle serait suivie, peu après la proclamation du roi, sinon de la guerre civile, du moins d'une opposition très-vive qui maintiendrait dans le pays l'agitation et l'inquiétude, ces deux principaux inconvénients du provisoire (e).

Quel est en France le souverain véritable et le seul possible.

La proclamation immédiate par l'Assemblée soit de la république, soit de la monarchie, ne pouvant, contrairement à ce que les partis s'imaginent, être qu'un moyen dérisoire et impuissant pour nous faire sortir du provisoire, il faut chercher une solution plus sérieuse et plus efficace.

Il n'y a de tranquillité et, par suite, de prospérité possible pour aucun pays, s'il n'a pour le gouverner un pouvoir fort, solidement établi, indiscutable ou non discuté. La confiance dans l'avenir, si indispensable au commerce, à l'industrie et surtout au travail, ne peut résulter que d'une marche fixe et régulière, suivie d'une manière constante dans l'administration intérieure et dans la politique extérieure ; nous sommes tout à fait d'accord avec les monarchistes sur ces points ; nous pensons, comme eux, qu'il faut se hâter de donner au pouvoir souverain la force, la stabilité, la fixité dans les idées, la fixité dans ses plans de conduite qui aujourd'hui lui font complétement défaut.

Pour savoir par quels moyens on peut arriver à constituer ce pouvoir, la première chose à faire est d'examiner quel est ou quel peut être en ce moment en France le véritable souverain, le souverain le plus puissant, celui qui doit toujours finir par avoir le dessus sur tout autre pouvoir en concurrence avec lui.

Dans les monarchies absolues, ce souverain est incontestablement le roi ou l'empereur. Dans les républiques et dans les gouvernements basés sur le principe de la souveraineté nationale, le vrai souverain est la Chambre des députés, qui a derrière elle le pays dont elle est le mandataire. Dans les monarchies appelées constitutionnelles ou parlementaires, les chartes ou constitutions stipulent que le monarque doit être ce souverain, et il l'est en réalité durant un certain nombre d'années ; mais, à la longue, il finit par ne plus l'être qu'en apparence, la Chambre des députés devient peu à peu et finit en définitive par être le véritable souverain (*f*), comme le prouve ce qui s'est passé en France depuis un demi-siècle. Trois gouvernements monarchiques y ont existé durant ce court intervalle ; tous trois ont été renversés pour avoir voulu lutter contre la Chambre des députés (*g*).

Dans les monarchies absolues, où la majeure partie du temps le souverain s'occupe plus de ses plaisirs que de gouverner, la politique extérieure est dirigée par des traditions dont les ministres s'exposent rarement à s'écarter ; elle a ainsi une grande fixité, et si elle est modifiée quelquefois par un caprice du souverain ou pour un intérêt de famille, c'est un cas rare. La politique intérieure, basée sur l'intérêt seul du souverain, a naturellement une même et unique tendance sous tous ses successeurs et varie fort peu ; le pouvoir, armé des attributions les plus étendues pour se défendre, a une grande force, il a une stabilité qui est le plus grand mérite de ce gouvernement où tout se fait dans l'intérêt d'une seule famille et de son entourage, ce qui amène un grand état de misère dans les classes inférieures, misère à laquelle la stabilité du pouvoir ne suffit pas pour porter remède et servir de compensation.

Il y a plusieurs siècles, par suite de l'ignorance et de l'abrutissement des classes inférieures, de la difficulté des communications et d'une foule d'autres causes, ce genre de gouvernement était, pour ainsi dire, le seul possible en Europe et pouvait être considéré comme le meilleur. Aujourd'hui que la civilisation diminue chaque jour la distance qui sépare les diverses classes de la société, aujourd'hui que le développement du commerce et de l'industrie, les découvertes scientifiques, les routes et les chemins de fer qui facilitent les communications des populations et des particuliers entre eux, ont modifié radicalement l'ancien état de choses, aujourd'hui que les hommes se croient des droits égaux et se résignent difficilement à se passer du bien-être qu'ils estiment pouvoir leur être procuré par un gouvernement ayant pour but l'intérêt de tous et non l'intérêt d'une seule famille, le gouvernement absolu devient de plus en plus difficile à conserver ; avant un siècle, il aura peu à peu disparu de toute l'Europe ; dans tous les cas, il est aujourd'hui complétement impossible en France et ce n'est pas à cette forme de gouvernement que nous devons recourir aujourd'hui pour avoir un pouvoir stable.

Dans les gouvernements absolus on n'a à tenir compte que d'un seul intérêt, celui du monarque. Dans les monarchies constitutionnelles, deux intérêts distincts sont en présence : celui du monarque et celui des administrés ; il y a, par suite, beaucoup moins de fixité dans la politique tant intérieure qu'extérieure et, de plus, possibilité de conflit entre la Chambre des députés et le pouvoir royal, c'est-à-dire une grande cause soit d'instabilité de ce pouvoir, soit de variations dans la politique suivie par le gouvernement. En outre, le monarque, en général ambitieux comme le sont presque tous les hommes et naturellement désireux de ressaisir dans toute son étendue le pouvoir qu'avaient ses ancêtres, cherche à lutter contre les oppositions en modifiant la majorité soit au moyen d'un coup d'État, soit au moyen de la corruption électorale, moyens dangereux qui peuvent réussir quelquefois et pendant un certain temps, mais qui finissent par s'user et mener à une révolution, comme cela est arrivé à la Restauration, qui a tenté un coup d'État en 1830, et à Louis-Philippe, qui pendant tout son règne a essayé de gouverner par la corruption électorale, contre laquelle le pays a fini par réagir et qui a été une des principales causes de la révolution de 1848. Par cette raison, la plupart des monarchies parlementaires ou constitutionnelles, qui en réalité sont de véritables républiques avec un chef héréditaire appelé roi, sont des gouvernements essentiellement instables et d'une durée éphémère. Ils ont cependant, malgré leur instabilité, donné en France de meilleurs résultats et contribué plus que les gouvernements absolus à la prospérité et surtout au bien-être général, et on pourrait encore se résoudre à payer, par une révolution comme celle de 1830 et même comme celle de 1848, quinze années de la prospérité et du bonheur qu'on a eus pendant la majeure partie du temps qu'ont duré la Restauration et le gouvernement de Louis-Philippe, si l'expérience ne démontrait pas que les conséquences des révolutions deviennent chaque fois plus terribles. La révolution de 1830, comparée à celles qui l'ont suivie, fut une révolution à l'eau de rose ; 1848 n'a rien été comparativement à la commune de 1871 et, si une nouvelle monarchie nous amenait, comme sa conséquence inévitable, une nouvelle révolution, celle-là serait cent fois pire que les précédentes, elle enfanterait le gouvernement d'une Commune plus horrible encore que celle de 1871 et constituerait la calamité la plus effrayante qu'on puisse imaginer.

Le gouvernement par un roi absolu étant en France, ainsi que nous l'avons exposé, chose désormais impossible et à laquelle on ne peut plus songer, il ne reste que le choix entre la monarchie constitutionnelle ou la république ; or, dans ces deux formes de gouvernement, le véritable souverain, celui qui finit toujours par avoir le dessus, étant la Chambre des députés, le seul moyen de sortir du provisoire, le seul moyen de donner de la stabilité et de la fixité au gouvernement, c'est de constituer ce souverain, c'est-à-dire cette Chambre, sur des bases telles que son esprit et sa politique, au lieu d'être essentiellement variables d'une élection à l'autre, soient constants ou diffèrent à peine, et qu'au lieu d'être l'émanation des exaltés et des intrigants tantôt d'un parti, tantôt d'un autre, la Chambre soit la véritable représentation du pays.

Moyen de sortir du provisoire et d'éviter les révolutions.

La nation veut avant tout son bien-être, c'est là tout ce qu'elle cherche et qu'elle cherchera constamment dans la politique ; ce bien-être, elle ne peut l'obtenir que par l'ordre, par la stabilité du gouvernement, par la fixité dans la direction de l'administration et dans la marche suivie par le pouvoir souverain. Si donc on parvenait à constituer la loi électorale de manière à ce que l'Assemblée nationale, qui est le véritable souverain, fût le résultat d'un vote éclairé des électeurs et, par suite, fût la représentation réelle et constante de leur pensée, de leur volonté et de leur désir, et non pas le résultat de votes inintelligents donnés à des candidats inconnus de la majeure partie de ceux qui les élisent, on aurait des assemblées successives, c'est-à-dire une suite de souverains à idées fixes et suivies, forts et inébranlables, on aurait résolu la difficulté.

C'est de la bonne constitution d'une loi électorale que dépend l'avenir du pays, c'est dans cette loi qu'il faut chercher la stabilité du pouvoir souverain, la fixité dans ses vues et dans sa marche et la fin du provisoire.

Travailler avec impartialité et sans esprit de parti à la confection d'une pareille loi est ce dont l'Assemblée devrait s'occuper immédiatement et toute affaire cessante ; car la loi actuelle est aussi mauvaise que possible et il faut se hâter de la modifier.

Nous ne sommes pas ennemi du suffrage universel ; au contraire, nous le considérons comme une justice et une nécessité, comme pouvant seul, aujourd'hui, être la base d'un gouvernement solide et durable en France. Mais la loi actuelle, loin d'être le suffrage universel, nous en paraît bien plutôt la négation. Elle est tout simplement un instrument dont se servent les intrigants et les ardents des divers partis, qui, de leur autorité privée et parce qu'ils sont les plus remuants et les plus audacieux, s'érigent en comité et forment des listes où ne figurent qu'eux et leurs amis. Ces listes sont ensuite présentées aux électeurs qui sont obligés de voter pour l'une ou pour l'autre sous peine de perdre leur suffrage et de voir passer celle des deux listes qui leur convient le moins, tout vote donné à un candidat qui ne figure pas sur l'une des deux listes étant inévitablement sans résultat. On a décoré cela du nom de suffrage universel et, qui plus est, du nom de suffrage direct ; tandis qu'au fond, c'est un suffrage à deux degrés, dans lequel l'électeur qui tient son mandat de la loi est réduit au rôle dérisoire d'un souverain qui a seulement le droit d'opter entre deux listes, et dans lequel l'électeur de premier degré, l'électeur en réalité le plus puissant dans ce mode d'élection, est celui qui n'a aucun droit et ne tient son mandat que de lui-même ; c'est un mode de votation dans lequel le suffrage de la majeure partie de la nation est escamoté et où l'élection, faite soi-disant par le suffrage universel, est faite par une minorité composée des plus intrigants et des plus audacieux.

La loi actuelle, loin d'être une loi démocratique, comme on le suppose, est au contraire une loi antidémocratique au suprême degré, qui ferme la porte de l'Assemblée à quiconque n'a pas une grande fortune. Bon nombre d'hommes honorables et sans ambition, ceux-là mêmes qui seraient les meilleurs choix, reculent devant des frais hors de proportion avec leur revenu et sont forcés de refuser les candidatures qui leur sont offertes. Il est peu d'élections qui coûtent moins de quinze à vingt mille francs au candidat élu ou repoussé ; cette somme est souvent doublée ou triplée : nous pourrions citer telle élection, non de député, mais simplement de conseiller général, qui n'a pas coûté moins de soixante à soixante-dix mille francs à chacun des deux candidats en présence.

Une élection, pour être bonne, pour être l'expression sincère et véritable du suffrage universel, doit répondre à la volonté et au désir réel des électeurs, au but qu'ils veulent atteindre ; elle doit en être la traduction exacte et sincère. Le vote est destiné à traduire ce désir, à conduire à ce but ; malheureusement la traduction n'est pas toujours exacte, elle n'est que trop souvent erronée. C'est à rendre cette traduction aussi exacte que possible que doit tendre toute loi électorale et tout système de votation.

Or que veut, que désire la majorité des électeurs, composée de travailleurs honnêtes qui n'aspirent et ne peuvent aspirer personnellement ni aux fonctions publiques ni aux faveurs de l'administration et qui, en général, sont fort indifférents aux questions et aux théories politiques (1) ? Que désirent et peuvent

---

(1) Le nombre des ouvriers qui, unis aux repris de justice et autres

désirer ces électeurs, sinon l'ordre et la tranquillité, si nécessaires pour leur procurer d'une manière constante et leur assurer
du travail, qui est leur gagne-pain et leur véritable fortune ?
Que peuvent-ils vouloir et désirer, sinon élire des mandataires
honnêtes, intelligents et surtout incapables de sacrifier le bien
public à l'esprit de parti ? Si les choix du suffrage universel ont
été si souvent mauvais, ce n'est pas que les électeurs fussent
malintentionnés, c'est uniquement parce qu'ils manquaient des
lumières nécessaires pour faire de bons choix, c'est parce qu'ils
étaient obligés d'opter entre des candidats inconnus à la plupart
d'entre eux, entre des candidats qu'ils ne pouvaient ni juger ni
apprécier; c'est, en un mot, parce que le système de votation directe dans l'élection des députés par le suffrage universel est un
système essentiellement vicieux, un système qu'il faut réformer
au plus vite si l'on veut que l'élection soit une vérité et donne
l'expression exacte de la volonté réelle de la nation.

Assurément, quand le suffrage universel a nommé Napoléon
président, puis empereur, la nation n'avait ni la volonté ni

---

rebuts de la population, font du désordre dans la rue et votent pour
des candidats révolutionnaires, paraît énorme par suite du tapage
qu'ils font, des bouleversements qu'ils occasionnent, de la crainte
qu'ils inspirent et du danger auquel ils exposent la société; mais,
en réalité, tout ce monde, qui constitue une masse redoutable dans
la rue, forme une minorité peu à craindre aux élections, et qui, si la
loi électorale est bien conçue, n'enverra jamais à l'Assemblée un
nombre de mauvais députés suffisant pour donner la moindre inquiétude.
Le plébiscite de 1870 a permis sinon de les compter, du moins de
fixer la limite supérieure du chiffre qu'ils peuvent atteindre. Sur neuf
millions de votants, quinze cent mille voix seulement protestèrent,
et celles-ci étaient loin d'appartenir toutes aux ennemis de l'ordre ;
un grand nombre provenaient d'hommes honnêtes, mais clairvoyants,
qui, devinant quelles seraient les conséquences funestes d'un satisfecit
donné à l'empereur, votèrent contre le plébiscite en haine de l'empire et nullement dans le but d'amener une révolution.

l'intention de mettre à sa tête un aventurier, un fou, un homme capable d'entreprendre la guerre insensée de 1870, en un mot l'homme de Sedan, l'homme que beaucoup de gens accusent d'être l'un des principaux instigateurs des incendies allumés par la Commune (h).

Ce que les électeurs avaient voulu ou cru faire en votant pour Napoléon, c'était assurer le maintien de l'ordre et la tranquillité, prévenir une nouvelle révolution, assurer la paix, comme on la promettait à Bordeaux en disant : « l'Empire c'est la paix » ; c'était avoir l'ordre dans les finances, alléger les impôts et couper court aux emprunts. Le suffrage universel s'est alors et pendant vingt années consécutives étrangement trompé et fourvoyé, ou plutôt il a bien mal traduit la volonté de la nation, il a abouti à un résultat diamétralement opposé à ses intentions, et il continuera à se tromper et à se fourvoyer tant que, tout en conservant aux électeurs actuels leur intervention prépondérante, on ne modifiera pas la loi de manière à faire nommer les députés par des hommes possédant toutes les lumières nécessaires pour faire les choix en connaissance de cause et, sinon avec certitude de ne pas se tromper, du moins avec certitude de se tromper rarement et surtout de ne jamais faire de choix déplorables.

On ne saurait trop le répéter, une loi qui a fait nommer à une immense majorité Napoléon III président de la République, puis empereur ; une loi qui pendant seize ans lui a envoyé, à peu d'exceptions près, tous députés esclaves de ses caprices et sans la moindre indépendance ; une loi qui a fini par aboutir au déplorable plébiscite de 1870 qui a eu de si fatales conséquences ; une loi qui, au moment où pour se reconstituer et réparer ses désastres le pays avait un besoin impérieux d'union et de n'élire que des hommes calmes, modérés, incapables de sacrifier l'intérêt général à leur affection pour la forme républicaine, pour la forme monarchique ou pour l'un quelconque des trois prétendants, a produit l'Assemblée actuelle, composée de membres dont l'honorabilité n'est mise en doute par personne, mais presque tous surexcités et aveuglés par leurs passions politiques, Assemblée divisée, pour le malheur de la France, en cinq ou six partis différents, dont aucun n'a la majorité et ne réunit plus du tiers ou du quart des voix, ce qui éternise une situation fatale aux intérêts du pays; une loi enfin qui, après avoir envoyé à l'Assemblée en février 1871 une immense majorité de monarchistes, envoyait quelques mois après presque tous candidats d'une opinion diamétralement opposée; une loi qui peut dans six mois ou un an produire une majorité de rouges qui proclamerait la Commune; une pareille loi, disons-nous, est essentiellement défectueuse et mauvaise, c'est elle qui cause l'inquiétude du pays, qui le maintiendra dans le provisoire et dans l'incertitude tant qu'elle durera; c'est une loi qu'il est indispensable de réformer au plus vite.

Parmi les modifications les plus importantes qui nous paraissent devoir être apportées à la loi actuelle, nous nous hasardons à citer les suivantes :

1° Supprimer le scrutin de liste;

2° Remplacer l'élection directe par une élection à deux degrés;

3° Faire nommer les délégués ou électeurs de second degré dans la commune et non au chef-lieu de canton, et les faire élire par des groupes de 100 à 200 électeurs, chacun des groupes choisissant un seul délégué soit dans la commune, soit dans le canton ou dans l'arrondissement. Les habitants de chaque commune, quelque peu éclairés qu'ils soient, connaissent parfaitement quels sont les hommes les plus honnêtes et les plus intelligents de leur commune ou des communes voisines ; dès lors, leurs choix seront faits judicieusement et avec connaissance.

4° Réduire à 300 ou à 400 au plus le nombre des députés (1).

Enfin, comme garantie que la nouvelle loi électorale ne sera pas faite dans l'intérêt d'un parti et pour que personne ne puisse l'accuser de porter atteinte au suffrage universel, il nous semble bon qu'elle soit présentée à l'acceptation des électeurs, en leur posant la question en termes nets et précis pour éviter toute équivoque, par exemple dans les termes suivants : Préférez-vous, Oui ou Non, la nouvelle loi à l'ancienne.

Le pays, pour reprendre confiance et être heureux, n'a pas besoin d'être définitivement constitué ; il lui suffit d'avoir la certitude qu'il ne tardera pas à l'être et que la constitution sera bonne. Cette certitude, il l'aurait dès qu'une loi électorale sage et bien conçue serait proclamée ; il pourrait dès ce moment se considérer comme débarrassé du provisoire, ou du moins de ses plus grands inconvénients, et attendre patiemment l'élaboration de la constitution définitive après laquelle il soupire et dans laquelle, comme complément de l'Assemblée législative, l'établissement d'une seconde Chambre, d'un Sénat, nous paraît très-désirable et assez généralement désiré.

Les républicains sincères, tout aussi bien que les partisans de la monarchie, ne doivent, sur ce point, avoir aujourd'hui qu'une seule et même opinion. L'expérience du 2 décembre doit avoir prouvé à tout le monde que les auteurs de la constitution de 1848 se sont gravement trompés quand ils ont cru consolider la république en concentrant tous les pouvoirs dans une seule Assemblée. En agissant ainsi, ils ont sacrifié le fond à la forme, la réalité à l'apparence ; la République n'eût probablement pas été renversée le 2 décembre s'il eût existé une seconde Chambre servant d'appui à la première ; l'audacieux aventurier eût sans doute hésité avant d'attaquer à la fois deux adversaires, beaucoup de ceux qui l'ont secondé de bonne foi croyant la légalité et le bon droit de son côté eussent réfléchi et eussent été mieux éclairés s'ils l'eussent vu en opposition non avec un seul, mais avec deux grands pouvoirs de l'État. Si une bonne loi électorale est le moyen de nous tirer du provisoire, l'établissement d'un Sénat serait un moyen puissant de nous garantir contre le retour de cet état calamiteux, un moyen de plus pour rétablir la confiance et empêcher les révolutions.

Le gouvernement par deux chambres et un pouvoir exécutif ayant chacun des attributions différentes bien définies, bien délimitées, nous paraît être ce que le pays désire. Selon que le chef du pouvoir exécutif sera héréditaire ou élu pour un temps déterminé, le gouvernement prendra le nom de monarchie ou de république; mais, en réalité, pour ceux qui se payent de mots et tiennent soit au mot république, soit au mot monarchie, le premier de ces gouvernements est réellement ou peut-être appelé une république avec un président héréditaire, et le second une monarchie constitutionnelle avec un roi électif. Peu importe le nom, c'est au fond la chose que le pays désire.

Entre ces deux formes de gouvernement, celle qui mérite la préférence est sans contredit celle qui présente le plus de garantie de stabilité et le moins de chance de voir des conflits s'élever entre les pouvoirs. Or un roi héréditaire aura toujours une certaine tendance à travailler pour ses héritiers, une tendance à augmenter sa puissance et ses attributions aux dépens de celles des deux autres pouvoirs; il se formera toujours peu à peu auprès de lui un entourage, une cour, qui aura intérêt à l'y pousser et l'y poussera; le roi et la cour ne cesseront de conspirer, sinon ouvertement du moins d'une manière tacite et occulte, contre les deux autres pouvoirs, un conflit ou une révolution seront toujours à craindre dans un avenir plus ou moins éloigné. Ce danger n'est pas à redouter avec un chef du pouvoir exécutif, nommé pour un temps limité. Ce dernier système a, de plus, l'avantage d'éviter les inconvénients d'un roi mineur, incapable ou vicieux; il paraît infiniment préférable sous tous les rapports.

Quant au gouvernement par une Assemblée unique et souveraine, avec un chef du pouvoir exécutif nommé par elle et révocable à toute heure, système qui fut prôné et proposé en **1848**, système adopté par la commune et qui constitue le provisoire actuel dont les inconvénients sont aujourd'hui si patents, provisoire qui nous eût déjà amené une révolution si l'opinion publique, en appuyant puissamment M. Thiers, ne lui eût donné une force que légalement il n'a pas et ne l'eût rendu président réel au lieu de président simplement nominal de la république, ce mode de gouvernement est aussi contraire aux intérêts du pays et aux principes démocratiques qu'aux principes monarchiques. L'intérêt du pays, comme nous l'avons dit plus haut, exige avant tout la stabilité, la fixité et la suite dans les plans de conduite du gouvernement ainsi que dans l'administration des affaires ; ces conditions ne peuvent se rencontrer dans le gouvernement par une Assemblée nombreuse, dont les membres ont fatalement une manière différente d'envisager chaque question qui se présente, dans une Assemblée où la majorité se déplace ou peut se déplacer à chaque instant.

Une Assemblée souveraine libre de changer à volonté le chef du pouvoir exécutif et de le renverser chaque fois qu'un acte de son administration vient à lui déplaire, maîtresse par conséquent de s'immiscer dans l'administration et de la dominer, ne peut tarder à s'attribuer la nomination soit directe, soit indirecte à presque tous les emplois. Les députés résisteront avec peine à la tendance naturelle qui nous porte à placer les membres de notre famille, nos amis personnels et nos amis politiques ; la corruption se glissera peu à peu dans l'Assemblée et, le souverain une fois corrompu, le pays doit s'attendre à être mal gouverné et à des révolutions. Avec ce système, le pays se trouverait bientôt sous la dictature de sept cent cinquante familles puissantes se partageant les emplois et les faveurs, chose on ne peut plus opposée aux idées démocratiques et à la saine justice. Un tel système ne saurait durer longtemps et nous mènerait bien vite à une révolution et à une dictature ou à la

Commune ; c'est la République instable, la République qui, avec raison, inspire tant de frayeur et de répulsion.

Les dernières années du règne de Louis-Philippe nous ont offert un exemple frappant et instructif du scandale dont nous venons de parler. Rien à cette époque ne se faisait que par ou pour les membres de la majorité. A la Chambre, ces députés votaient servilement pour le gouvernement ; mais, en dehors de la salle des séances, les ministres étaient à leur tour les humbles serviteurs, les esclaves de ceux qui, un instant auparavant, se montraient si dociles, si obéissants, et ils n'osaient rien leur refuser. Le désordre et les préjudices résultant d'une pareille confusion et de l'abandon réciproque que chacun faisait de ses prérogatives ont puissamment contribué à discréditer le gouvernement parlementaire et à préparer les voies à l'empire, dont les partisans ont habilement exploité ce discrédit en faveur de l'accroissement du pouvoir impérial et de la restriction des attributions du Corps législatif. Cet état de choses a puissamment contribué à amener la révolution de 1848 en indisposant et désaffectionnant tous ceux qui n'avaient point la protection d'un député ; personne, au moment de la lutte, ne s'est levé pour soutenir un pouvoir pour lequel l'indifférence était devenue générale, et la royauté a succombé non sous la vigueur de l'attaque, mais faute d'être soutenue.

Du reste, le gouvernement par une Assemblée unique et souveraine absolue paraît aujourd'hui un système jugé et condamné par l'opinion publique ; les élections républicaines du 2 juillet et du mois de janvier dernier doivent, dans notre pensée, être considérées comme une protestation contre le système d'une Assemblée souveraine et contre la marche suivie par l'Assemblée actuelle, comme une protestation en faveur d'un pouvoir exécutif fort et indépendant, bien plutôt que comme une protestation en faveur de la République ou en faveur de M. Thiers personnellement.

Voyant dans le maintien de M. Thiers une garantie d'ordre et de tranquillité, voyant dans les attaques dont il est l'objet de la part des meneurs de la majorité, dans les efforts que ceux-ci font pour empêcher la situation existante de se consolider, une cause de prolongation et d'aggravation du provisoire, les électeurs se sont prononcés contre cette majorité. Voyant les partis monarchistes suivre les errements de la Commune et de la Convention, tandis que la gauche et le centre gauche de l'Assemblée soutenaient les vrais principes conservateurs, les électeurs commencèrent à s'apercevoir que les monarchistes n'avaient point le monopole de l'amour de l'ordre et qu'on avait trop longtemps confondu les vrais républicains avec les révolutionnaires qui ne sont pas moins ennemis de la république que de la monarchie, et, en raison de la marche suivie par les républicains de la Chambre, ils envoyèrent à l'Assemblée, dans les dernières élections, un grand nombre de députés de cette opinion en remplacement de députés royalistes. Toutefois, nous le répétons, les républicains ne doivent pas se faire illusion et, malgré les progrès incontestables que leurs idées ont faits en France depuis un an, ils ne doivent pas voir dans les dernières élections le signe d'un revirement complet contre les idées monarchiques ; ils doivent y voir tout simplement une protestation contre la marche que suit l'Assemblée ; ils doivent y voir seulement l'intention où est le pays de chercher avant tout l'ordre et la stabilité quelle que soit la forme du gouvernement qui les lui donne et sans prédilection pour l'une ou l'autre forme.

En résumé, ce qui cause le malaise et l'inquiétude du pays, c'est moins le provisoire actuel que les attaques incessantes dont il est l'objet et qui le rendent instable. Ce qui empêche la confiance de renaître, ce n'est pas seulement l'instabilité du provisoire actuel, c'est surtout une certaine crainte de voir revenir le gouvernement de la Commune ; non pas de la Commune insurrectionnelle, dont le retour d'ici à plusieurs années est

peu probable et même impossible, à moins qu'un coup
d'État tenté par l'un des pouvoirs n'ouvre la porte à une
surprise dont, selon leur habitude, les anarchistes profite-
raient ; mais d'une commune que nous appellerons la commune
légale, parce qu'au lieu d'être le produit d'une insurrection
comme en février 1848 et en mars 1871, elle résulterait du vote
d'une Assemblée légalement élue. Nous aurions alors le plus
horrible de tous les gouvernements et, ce qui est déplorable, un
infâme gouvernement contre lequel, néanmoins, on ne pourrait
s'insurger sans violer la loi et sans être ostensiblement coupable:
Cependant personne ne peut répondre que par l'effet de la loi
électorale actuelle nous ne soyons exposés à ce danger ; personne
ne peut répondre qu'un jour, dans un moment d'excitation et
d'erreur, dans un moment de réaction contre les monarchistes
exaltés, le corps électoral, ne sentant pas la portée de ce qu'il
ferait ou le comprenant mal, ne nommera pas une majorité ul-
traradicale tout aussi bien qu'il a nommé en février une majorité
ultramonarchique (j).

Aussi, nous ne saurions trop le répéter, ce qui importe avant
tout, c'est de faire une bonne loi électorale, une loi qui donne
l'expression sincère et éclairée de la volonté et du désir des
électeurs, chose qui ne peut s'obtenir que par l'élection à deux
degrés.

Nous ne nous dissimulons pas que refondre complétement la
loi électorale, c'est poser un terme à la mission de l'Assemblée,
c'est borner au vote de cette loi sa mission de constituante, la
constitution ne pouvant être faite par une Assemblée élue en
vertu d'une loi reconnue mauvaise par cette Assemblée elle-
même ; mais nous avons assez de confiance dans le patriotisme
de ses membres et dans celui du chef du pouvoir exécutif pour
espérer qu'une pareille considération n'est pas de nature à les
arrêter.

NOTES EXPLICATIVES

(*a*) L'Assemblée doit se contenter d'être souveraine en
ce qui concerne la haute direction à donner à la politique
intérieure et extérieure, d'être souveraine sous le point de
vue législatif, c'est-à-dire en ce qui concerne le vote
des lois et des impôts, et d'exercer une surveillance active
sur les actes du pouvoir exécutif; elle ne doit point s'immiscer dans les détails de l'administration, ni entraver le
pouvoir exécutif dans l'exercice de ses attributions; elle
doit lui laisser la responsabilité entière et complète de
tous ses actes. De son côté, le chef du pouvoir exécutif,
s'il veut pouvoir exiger que l'Assemblée respecte ses prérogatives, doit aussi respecter celles de l'Assemblée et,
dans le vote des lois, se contenter d'éclairer les discussions par ses lumières et son expérience, mais nullement
chercher à faire prévaloir son opinion par une pression
indirecte exercée sur elle; c'est, au contraire, ce que,
dans son intérêt et dans l'intérêt général, il devrait éviter
à tout prix. Dieu seul et le pape sont infaillibles, le président de la République et l'Assemblée nationale peuvent

se tromper, puis plus tard le reconnaître et réparer leur erreur ; mais ce qui est un mal plus difficile à réparer, c'est quand l'un des pouvoirs empiète sur les attributions de l'autre et introduit ainsi la lutte, le désordre et l'anarchie dans le gouvernement.

M. Thiers avait parfaitement compris cela lors du vote de la loi relative aux conseils généraux. Son expérience et sa sagacité lui firent immédiatement entrevoir le danger de certaines dispositions dont le but véritable et non avoué était de les faire servir à renverser la République si les électeurs envoyaient une grande majorité de conseillers monarchiques. Le contraire ayant eu lieu, la pratique ne tarda pas à signaler le mal de ces dispositions dont les rouges eurent à s'applaudir dans plusieurs départements où elles ont produit un effet absolument contraire à celui que les votants de la loi espéraient et où elles créent aujourd'hui au gouvernement des embarras regrettables. M. Thiers eût pu, lors du vote de cette loi, avec plus de raison qu'au 19 janvier, menacer de sa démission ; il ne l'a point fait et il a eu raison. Pourquoi ne persiste-t-il pas dans cette bonne voie ? Pourquoi, dans la question de l'impôt sur les matières premières et dans la question de l'organisation militaire, ne se contente-t-il pas d'émettre son avis et cherche-t-il avec obstination à peser sur les décisions de l'Assemblée ? Si celle-ci s'est trompée dans le vote de la loi sur les conseils généraux, M. Thiers n'est pas plus infaillible qu'elle et peut se tromper dans les deux autres questions tout à fait étrangères à l'esprit de parti qui avait égaré l'Assemblée dans le vote de l'autre loi. Quel que soit le génie d'un homme, une Assemblée de sept cents personnes a la chance de voir plus clair que lui toutes les fois qu'elle

n'est pas influencée par une cause étrangère. Que M. Thiers
y prenne garde : il ne faut pas jouer avec le feu. Néanmoins, malgré les fautes qu'il peut commettre, comme le
pays ne doute pas de son patriotisme et de sa bonne foi,
comme le pays est convaincu qu'il ne peut avoir d'autre
ambition que de se faire un nom dans l'histoire en rele-
vant la France et y faisant renaître l'ordre et la prospérité,
comme le pays voit dans sa présence à la tête du pouvoir
une garantie de stabilité et craint, au contraire, qu'un
coup d'État de la part de l'Assemblée n'amène le désordre
ou une révolution, le pays soutiendra M. Thiers envers et
contre tous ; en cela il aura raison et M. Thiers peut encore commettre bien des fautes sans avoir rien à craindre.

(*b*) Le retour du gouvernement dans la capitale serait
utile pour faciliter la prompte expédition des affaires, pour
éviter une foule de dépenses qui rendent l'administration
plus coûteuse ; il serait utile surtout pour rétablir la confiance en France et particulièrement à l'extérieur où, en
voyant l'Assemblée si craintive, on nous croit sur un
volcan, ce qui empêche les étrangers d'oser faire des affaires avec nous et de venir dépenser à Paris un argent
qui profiterait au commerce de cette ville. En s'obstinant
à rester à Versailles, en semant ainsi l'inquiétude et portant un préjudice sensible à la prospérité du commerce,
l'Assemblée se fait beaucoup de tort et se crée de nombreux ennemis.

La majorité s'oppose au retour du Gouvernement dans
la capitale, mue par un sentiment injuste de rancune,
chacun des trois partis monarchiques accusant la population de cette ville d'avoir renversé la dynastie objet de son

affection. Aucun d'eux ne veut s'avouer que, quand l'insurrection de Paris l'a renversé, la révolution était inévitable, que la dynastie était déjà devenue antipathique au pays, frappée de mort et perdue, qu'une révolution faite à Paris n'est acceptée dans le reste de la France que si le Gouvernement est déjà tellement discrédité que personne ne songe à le soutenir. Quand il en est autrement, comme cela a eu lieu en juin 1848 et en mars 1871, la population des départements accourt prêter son appui au Gouvernement et l'insurrection est écrasée.

Si, lors de l'insurrection du 18 mars, l'Assemblée eût siégé à Paris, si le chef du Gouvernement y eût lui-même résidé d'une manière plus constante sans être obligé de passer à Versailles la majeure partie de son temps ; si l'élite de l'armée, au lieu d'être à Versailles, eût été à Paris, il est probable que les mesures eussent été mieux prises et qu'on eût facilement comprimé, dès sa naissance, cette insurrection qui est restée plusieurs jours avant de se consolider, avant d'oser attaquer les dix-huit à vingt mille gardes nationaux amis de l'ordre qui se réunissaient aux alentours de la Banque et dont les bataillons, auxquels beaucoup d'autres étaient disposés à se joindre, se sont dissous à regret et seulement sur un ordre émané de l'autorité compétente.

Le vrai moyen d'empêcher le retour de la Commune, ce n'est pas d'en avoir peur, de fuir la lutte et de se tenir à l'écart : la lâcheté est un mauvais moyen pour réussir en France. Ce qu'il faut pour prévenir un retour de la Commune, c'est moraliser la population ; or rien n'a plus d'influence sur le peuple et n'est plus propre à le moraliser que le bon exemple donné par la classe élevée et surtout par les hauts fonctionnaires de l'État. Si donc les membres de l'Assemblée se sentent honnêtes et moraux, qu'ils se hâtent de la ramener à Paris ; mais s'ils ne valent pas mieux que l'entourage de la cour impériale, dont les mauvais exemples ont tant contribué à la démoralisation du peuple, l'une des principales causes de l'insurrection du 18 mars, qu'ils se gardent bien de revenir, qu'ils restent éternellement hors de la capitale.

(c) Le parti bonapartiste est en apparence peu nombreux dans l'Assemblée, mais en réalité il y compte plus de membres qu'on ne le suppose ; outre les bonapartistes avoués, il y a ceux qui se cachent sous le voile de l'orléanisme et tous les orléanistes qui, après s'être ralliés à l'empire, se sont rangés de nouveau sous leur première bannière, sauf à se rallier une seconde fois à l'empire s'il venait à avoir des chances. Le retour de Napoléon III paraissant moins probable que la consolidation de la République, les fonctionnaires bonapartistes trouvent à la Chambre de l'appui et des protecteurs dans les députés royalistes qui ne les craignent pas et voient en eux des monarchistes prêts à combattre la République leur ennemi commun ; si le chef du pouvoir exécutif osait toucher à quelques-uns d'entre eux, il serait immédiatement accusé d'agir par esprit de parti, de servir d'instrument aux vengeances des républicains ; il soulèverait des tempêtes au sein de l'Assemblée, comme il a failli en soulever une en traduisant devant les tribunaux l'ex-préfet de l'Eure. Cet ancien fonctionnaire doit, il est vrai, être réputé innocent, puisque le jury l'a acquitté ; néanmoins on ne saurait faire un reproche au gouvernement de l'avoir mis en accusation. Si la justice ne devait poursuivre que les coupables dont la condamnation est infaillible, elle ne devrait poursuivre aucun criminel, car nul ne peut répondre d'avance du verdict d'un jury ni des lumières que les débats jetteront sur la conduite de l'inculpé; toute poursuite devrait être suspendue ou interdite et la société désarmée se trouverait à la discrétion des méchants. Les actes reprochés à l'ex-préfet de l'Eure étaient assez graves, la présomption de culpabilité assez grande et assez accréditée dans le public pour que le gouvernement ne pût hésiter à le poursuivre sans s'exposer à voir sa justice accusée d'avoir deux poids et deux mesures, accusée d'avoir livré aux conseils de guerre, qui les ont spécialement condamnés à des peines plus graves pour ces chefs d'accusation, les fonctionnaires de la commune qui avaient opéré des malversations dans l'exercice de leurs fonctions, et de ne point poursuivre les fonctionnaires prévaricateurs appartenant aux partis monarchiques; sans s'exposer, ce qui ne serait pas moins grave, à être accusé de chercher à établir un précédent d'impunité qui puisse un jour servir aux amis et aux fonctionnaires de l'administration actuelle. Si nous voulons rétablir dans la population les principes de la saine morale, auxquels l'empire a porté une si rude atteinte, et qui sont les auxiliaires les plus puissants pour lutter contre le retour de la Commune, il faut poursuivre à outrance les crimes et les délits de quelque part qu'ils viennent. Certaines personnes ont, il est vrai, trouvé étonnant que le gouvernement exerçât des poursuites contre un fonctionnaire de second ordre pour des actes d'une gravité secondaire, tandis qu'il n'en exerçait aucune contre de plus grands coupables qui, revêtus des plus hautes fonctions, en avaient commis d'infiniment plus punissables. Ces personnes oublient que l'incendie complet des Tuileries, du ministère des Finances, de la Cour des comptes et de l'Hôtel de ville a détruit toutes les sources où l'on pouvait puiser des preuves contre ces grands coupables et rendu toute poursuite impossible; que le feu les a purifiés à tout jamais, les a rendus blancs comme neige. Il vaut mieux pour M. Janvier avoir été lavé par le verdict d'un jury que blanchi et purifié par les incendies allumés par la Commune.

(*d*) Les poursuites exercées contre l'ex-préfet de l'Eure, et dont nous venons de parler dans la note qui précède celle-ci, étaient connues de M. Thiers, elles avaient son consentement, son approbation et sa participation. Si elles étaient l'œuvre de l'esprit de parti, si la pièce fournie au tribunal était illégale, M. Thiers, qui la connaissait, était aussi coupable que les ministres qui l'avaient fournie. Y a-t-il un acte plus révoltant de la part d'un ministre de la justice et de la part du chef du gouvernement que de commettre une illégalité, de fournir une pièce illégale dans le but de faire condamner un accusé et, qui plus est, un innocent; car, aux yeux du ministre des finances, l'accusé était innocent : ce ministre ne l'eût pas défendu avec tant d'ardeur s'il n'eût pas eu la conviction de son innocence. Y a-t-il une insulte plus grande que d'être accusé d'un acte aussi odieux? Croyant à l'innocence de l'accusé, M. le ministre des finances devait dire, sans rien omettre, tout ce qu'il savait en sa faveur, personne ne le conteste. Mais où est le tort de ce ministre envers ses collègues et envers le chef du pouvoir exécutif, c'est d'avoir traité d'illégale une pièce parfaitement légale, qu'on ne pouvait pas même taxer d'irrégularité, car elle était régulière, elle avait été transmise régulièrement et elle avait toutes les conditions requises pour être admise par le tribunal. Ce que M. le ministre des finances pouvait reprocher à cette pièce, c'est un défaut de formalité, complétement étranger à la procédure et à l'action en justice : c'est qu'elle était parvenue entre les mains du ministre de l'intérieur sans avoir suivi scrupuleusement la marche qu'on suit habituellement dans les bureaux pour ce genre de transmissions, sans avoir passé par tous les degrés de la filière administrative. Si, sous un gouvernement monarchique, un ministre eût lancé une pareille insulte à la face de ses collègues et du monarque, il n'y aurait pas eu assez de clameurs et de récriminations pour blâmer une conduite aussi antigouvernementale ; dans la situation actuelle, la chose a paru toute simple et le ministre démissionnaire a au contraire reçu force marques de sympathie de la part de la majorité de l'Assemblée.

(e) L'amour-propre et l'orgueil, ces deux grands mobiles des actions humaines, creuseront toujours un fossé profond, infranchissable, entre le parti orléaniste et le parti légitimiste ; jamais la bourgeoisie ne consentira à voir, ou ne verra sans arrière-pensée, le pouvoir aux mains d'un roi de droit divin et des légitimistes. Fatiguée des guerres et du despotisme de l'empire, ayant encore vivace le souvenir des excès révolutionnaires dont la famille des Bourbons avait été une des intéressantes victimes, satisfaite pour le moment d'avoir une charte qui paraissait très-libérale comparativement à la constitution octroyée par l'empire, la nation, en 1815, se rallia en majorité au gouvernement de la Restauration et lui envoya pendant quelques années, comme députés, ses plus chauds partisans; mais l'amour-propre de la bourgeoisie, froissé par la suprématie de la noblesse, ne tarda pas à changer ces dispositions et à faire commencer la lutte.

Le gouvernement de la Restauration fut, si l'on excepte celui du général Cavaignac qui ne dura pas assez longtemps pour être jugé, le plus honnête et le plus moral que la France ait eu depuis plusieurs siècles (1). Ses ministres étaient probes, capables, moins grands orateurs, mais administrateurs infiniment plus habiles que ceux des gouvernements qui l'ont suivi. Le principe sur lequel il reposait semblait lui donner assez de force pour qu'il n'eût pas besoin de sacrifier l'intérêt du pays à celui de la dynastie, et la France fut heureuse, forte et jusqu'à un certain point glorieuse pendant la majeure partie des quinze années qui s'écoulèrent entre 1815 et 1830. Malheureusement, par suite de l'incapacité et de la faiblesse du bon, de l'excellent Charles X, son entourage et les exaltés du parti entraînèrent la royauté à tenter en leur faveur ce

---

(1) C'est à la moralisation du peuple, sur qui l'exemple du gouvernement a tant d'influence, qu'on doit d'avoir eu en 1830 une révolution si douce, tandis que celle de 1848 et la Commune de 1871 se sont signalées par des actes si odieux. La corruption électorale sous le gouvernement de Louis-Philippe, la servilité envers le pouvoir érigée en vertu sous ce gouvernement, l'habitude d'estimer les hommes non en raison de leur mérite et de leur honnêteté, mais proportionnellement au nombre d'électeurs sur lequel s'étendait leur influence, commencèrent la démoralisation du peuple et préparèrent 1848, préparèrent le terrain sur lequel Napoléon III a semé et largement récolté, le terrain qui a porté pour le pays des fruits si amers et qui pour comble a produit la Commune de 1871.

qu'elle n'eût pas songé à tenter dans l'intérêt de la dynastie, la noblesse voulut reprendre une partie de ses pri-
viléges ou au moins sa prédominance et reconstituer le
passé. Il en résulta d'abord une perturbation et un malaise,
puis une révolution.

Malgré le bien-être et la prospérité qu'un gouvernement,
très-libéral comparativement à celui auquel il succédait,
et que la paix surtout répandaient dans le pays, la lutte et
une guerre d'abord sourde, puis ouverte et ardente, ne tardèrent pas à éclater entre la bourgeoisie et la noblesse.
Les sommités de la finance, de l'industrie et du commerce
commencèrent l'opposition dans la Chambre des députés,
traînant à leur suite la bourgeoisie dans les colléges électoraux qui, après avoir été favorables à la dynastie, fini-
rent par envoyer des Chambres de plus en plus hostiles.
Une révolution s'ensuivit, et chaque fois que les mêmes
circonstances se représenteront, une révolution s'ensuivra
incontestablement.

Quoi qu'on fasse et à de rares exceptions près, on n'obtiendra jamais que les membres de l'aristocratie nobiliaire
reçoivent dans leurs salons et traitent d'égal à égal, quelle
que soit leur position de fortune, des familles dont les
grands-pères ou arrière-grands-pères étaient de simples ouvriers ou figuraient dans les antichambres de
leurs ancêtres, ni qu'au moment où ils voient d'immenses
fortunes se faire subitement dans l'industrie et dans le commerce par des hommes qui peu d'années avant étaient dans
une position tout à fait inférieure à la leur, ils consentent
à renoncer à la supériorité que leur donne une longue
file d'aïeux, seule chose que les millionnaires ne peuvent
se procurer avec leur argent, seule chose qui puisse, dans

l'avenir, leur servir de compensation et égaliser les po-
sitions. Jamais on n'obtiendra des membres de l'aristocratie nobiliaire qu'ils renoncent à faire ostentation de
leur blason, étalant leurs armes partout, non-seulement sur
leurs voitures et à la porte de leurs hôtels, mais aussi sur
leurs meubles, sur leur vaisselle, sur les portières de leurs
appartements, etc.; allant même jusqu'à blasonner le dos
de leurs laquais, se blasonnant d'autant plus que la lutte
avec la bourgeoisie devient plus vive et qu'il deviendrait
plus important de l'éteindre, irritant, par là, de plus en
plus, cette bourgeoisie qui n'a ni armes, ni blason, ni
portraits d'aïeux blasonnés qu'elle puisse étaler.

On pourrait peut-être obtenir cette renonciation de
la part d'une partie des hommes, surtout de ceux qui,
ayant une grande valeur et une certaine supériorité par
eux-mêmes, n'ont pas besoin de ces hochets pour se re-
lever et primer; mais on l'obtiendra difficilement de la
majorité et surtout des femmes. Songer à l'obtenir de
la part des femmes serait la plus grande des erreurs
et des aberrations. Jamais on n'obtiendra qu'une dame
de l'aristocratie reçoive habituellement dans son salon,
ou même, qu'en dehors de son salon, elle traite d'égale
à égale Mme Potasse (c'est sous ce nom que par dédain
on désignait, sous le règne de Louis-Philippe, d'abord
la femme de l'épicier, puis les bourgeoises), quelle que
soit sa fortune, qu'elle soit ou non retirée du commerce.
Jamais, de son côté, Mme Potasse n'oubliera que, sous le
roi citoyen, elle allait aux bals de la cour, au bras de
son mari, capitaine de la garde nationale; montait par
l'escalier d'honneur et soupait à la table du roi; jamais
elle ne se résignera, sans avoir l'orgueil mortellement

froissé, à subir une cour dont les salons lui seraient fermés et où, au lieu de monter par l'escalier d'honneur, elle devrait passer par l'escalier de service et ne pas dépasser l'antichambre. Jamais les femmes de la bourgeoisie ne se résigneront à supporter avec indifférence les dédains des femmes de l'aristocratie et à donner, par la reconstitution de la monarchie de droit divin, une nouvelle raison d'être, un fondement plus solide à ces dédains. Tout le monde connaît l'influence que les femmes ont sur leurs maris, leurs frères ou leurs pères. Cette influence empêchera éternellement les hommes de la bourgeoisie de se rallier à un gouvernement de droit divin. La fusion sincère du parti orléaniste avec le parti légitimiste, du moins de la part des masses, doit être considérée comme impossible, et le produit de cette fusion, infiniment moins fort que ne l'était la Restauration en 1815, serait destiné à périr comme elle, par les mêmes causes et bien plus promptement qu'elle, surtout ayant constamment à craindre les menées sourdes de quelqu'un des nombreux princes de la maison d'Orléans ralliés à contre-cœur, ralliés momentanément et avec arrière-pensée, mais beaucoup plus forts pour conspirer que ne l'était, sous la Restauration, Louis-Philippe qui a si puissamment contribué à la chute de ce gouvernement.

Une fusion en faveur du comte de Chambord paraît naturelle et possible ; une fusion en faveur de la maison d'Orléans est impossible. Le comte de Chambord ne peut y consentir sans renverser son principe auquel on sait qu'il tient plus qu'au trône ; jamais il n'y consentira et la dynastie d'Orléans, tout comme celle de Napoléon, ne pourrait revenir que par une surprise ou par un coup de main heureux favorisé par les partisans qu'elle a dans l'Assemblée, mais qui ne saurait produire une situation durable. Le Gouvernement aurait immédiatement contre lui les républicains, les légitimistes (1) et les bonapartistes ; il trouverait l'armée divisée et ne pourrait compter sur un appui efficace de sa part, quand bien même il eût exécuté son coup de main en soulevant quelques régiments; la guerre civile éclaterait immédiatement.

La dynastie d'Orléans a de nombreux adhérents, mais peu de partisans désintéressés. Louis-Philippe est parti pour ainsi dire abandonné. A peine un seul homme, M. de Rumigny, a partagé complétement et sincèrement son exil et est resté constamment auprès de lui pour le consoler. La majeure partie des orléanistes a passé, soit au 10 décembre 1849, soit au 2 décembre 1851, dans le camp des bonapartistes et, au dernier moment, n'a pas mieux soutenu le trône de Napoléon III qu'elle n'avait soutenu celui de son prédécesseur. Cette dynastie a duré dix-huit ans, parce que sous elle la France jouissait du bien-être et de

---

(1) Jamais les légitimistes ne se rallieront sincèrement à la dynastie d'Orléans ; jamais ceux dont les pères sont morts sur l'échafaud révolutionnaire n'oublieront que Philippe-Égalité a voté la mort du bon et infortuné Louis XVI, mort qui fut le signal de toutes les exécutions qui la suivirent, ni que son fils Louis-Philippe conspira pendant quinze ans contre les rois ses cousins et prit leur place sur le trône ; que son petit-fils, alors le duc de Chartres, nommé colonel d'un régiment de hussards par une faveur toute spéciale du roi Charles X, marcha sur Paris en juillet 1830 à la tête de son régiment pour aider la révolution à renverser son bienfaiteur ; que le prince de Condé a péri de mort violente et, enfin, que la duchesse de Berry a été traitée d'une manière bien étrange par son oncle Louis-Philippe qui, mettant de côté tout sentiment de famille et de respect pour le sang royal, a fait son possible pour déshonorer sa nièce.

la prospérité que produit la paix ; ce qui la maintenait était principalement ce qui a également maintenu l'empire dans ses dernières années, la crainte d'une révolution, la peur de voir arriver au pouvoir les hommes de la Commune ; mais, au jour du véritable danger, personne n'est venu à son secours, elle est tombée par suite de l'abandon général, elle s'est écroulée comme un arbre pourri et vermoulu qui au premier choc tombe en poussière. Le même sort l'attend un jour si elle revient au pouvoir.

Après le coup d'État de 1851, la maison d'Orléans a, il est vrai, pendant un certain nombre d'années, vu le nombre de ses partisans s'augmenter de tous ceux qui voyaient en elle le seul moyen de supplanter le gouvernement si déplorable de Bonaparte, de ceux qui voyaient dans une famille nombreuse de princes actifs et entreprenants la possibilité ou l'espérance de trouver un libérateur ; mais depuis deux ans la conduite maladroite de ses princes a bien modifié les espérances qu'ils avaient fait concevoir et les a rendus bien impopulaires. Leur ambition, l'insistance de deux d'entre eux pour venir prendre leur siége à l'Assemblée malgré la prière de s'abstenir que le président de la République, leur ami personnel et sincère, leur adressait au nom de l'intérêt du pays (1), la nullité dont ils font preuve

---

(1) Les princes d'Orléans se sont fortement trompés en croyant que Napoléon était devenu président de la République par suite de son admission à l'Assemblée et en croyant devoir l'imiter. L'élévation de Bonaparte a eu une tout autre cause, et si sa présence à l'Assemblée lui a servi en quelque chose, ce n'est pas par l'effet des intrigues qu'il a pu y nouer, ni par la réputation de capacité qu'il a pu s'y faire ; ce serait plutôt par l'incapacité et la nullité qu'il y a simulées,

dans l'accomplissement de leur mandat et en s'abstenant de
voter dans toutes les questions importantes, le peu de servi-
ces qu'ils rendent dans l'Assemblée alors qu'ils en annon-
çaient de si grands avant d'y être admis, ont fortement contribué à les discréditer. Sans compter que le pays leur par-
donnera difficilement de n'avoir pas, en 1870, imité le comte
de Chambord qui engagea ses partisans et ses amis à
mettre tout esprit de parti de côté au moment où le territoire de la patrie était menacé et à voler à sa défense
quels que fussent les hommes à la tête du pouvoir. Au contraire, pas une proclamation des princes d'Orléans, pas une
invitation de leur part pour convoquer leurs amis à prendre
part à la lutte quand une pareille invitation pouvait amener
sous les drapeaux beaucoup plus de monde que n'en a
amené celle de leur cousin. Ils sont venus seuls, n'appor-
tant que le secours de deux simples officiers, secours incapable de compenser les embarras que leur présence pouvait
causer au gouvernement, secours que la délégation de Tours
a bien fait de refuser, mais qu'elle n'eût ni dû, ni pu refuser
si les princes se fussent imposés en venant, comme cela
leur était facile, à la tête d'un corps d'armée levé par eux
parmi leurs partisans, armé et équipé par eux, comme l'ont
fait et se sont imposés MM. de Charette et Cathelineau

---

et qui, faisant croire aux gens influents des autres partis qu'ils arri-
veraient facilement à le mener et à s'en faire un instrument, les ont
conduits à travailler en sa faveur. La présence des princes d'Orléans
à l'Assemblée est plus nuisible qu'utile à leur cause ; elle leur per-
met, il est vrai, de nouer quelques intrigues insignifiantes ; mais
elle sert à les discréditer, à habituer le public à les considérer comme
des hommes de peu d'importance, à ne plus penser à eux ou à les
compter pour rien.

qui, par là, ont attiré de nombreuses sympathies à leur parti
et au comte de Chambord.

(*f*) On pourrait croire que cette assertion est erronée
quand on considère que sous la Restauration et même durant tout le règne de Louis—Philippe le pouvoir royal a,
jusqu'au jour de la catastrophe, été réputé et a été ostensiblement le pouvoir supérieur et le plus puissant, le pouvoir dont les prérogatives dominaient celles des autres. S'il
en a été ainsi, cela provient de ce que le pouvoir exécutif,
le pouvoir qui administre, est et doit être, pour le bon ordre, pour la bonne marche et pour la régularité de l'administration, le seul dispensateur des emplois et des faveurs ; puis de ce que, de même qu'on a vu souvent des
monarques, souverains absolus de par les lois, n'être rois
que de nom et trembler devant des ministres qui les dominaient et exerçaient la souveraineté en leur place, on
voit aussi des Assemblées législatives dominées par le chef
de l'État et n'osant lui faire la moindre opposition, soit parce
que telle est la volonté des électeurs dont elles reçoivent
leur mandat, soit parce qu'elles sont infidèles à ce mandat. Mais, depuis 1815, chaque fois que l'une de ces Assemblées s'est mise en opposition ouverte avec le pouvoir
exécutif, celui-ci a été obligé de céder, ainsi que l'a fait
fort sagement en 1827 la Restauration en remplaçant le ministère de Villèle par le ministère Martignac. Quand le gouvernement n'a pas cédé, il a été renversé, comme cela est
arrivé plus tard à la Restauration en 1830, à Louis-Philippe
en 1848 et, en 1870, à Napoléon. L'Assemblée législative
fut donc depuis 1815 le véritable souverain, le souverain
qui, ayant le pays derrière lui, avait la force et la puissance

réelles, le souverain à qui le pouvoir exécutif devait finir par céder.

(*g*) Nous avons dit plus haut que, loin d'être enclin aux révolutions, le peuple français leur est très-opposé, et il a bien raison, car les révolutions, même les plus motivées, sont toujours fatales au pays par leurs conséquences, par la perturbation qu'elles amènent dans les affaires et dans le travail. Pour qu'une révolution se fasse en France et soit acceptée, il faut que le gouvernement soit devenu intolérable ou bien qu'il l'ait commencée lui-même et qu'il soit le véritable révolutionnaire.

C'est ce qui est arrivé en 1830 et en 1848. En 1830, c'est le gouvernement qui a attaqué et qui le premier a fait une révolution dont une seconde a été la conséquence; le pays a défendu la Charte renversée révolutionnairement par les ordonnances, par un coup d'État : un changement de dynastie s'en est suivi; en définitive, Charles X a perdu la couronne pour avoir voulu être plus fort que le pays et renverser la Chambre des députés.

Louis-Philippe, agissant moins franchement que la Restauration, essaya durant presque tout son règne de faire une révolution à la sourdine, au moyen de la corruption électorale, annulant ainsi la Chambre des députés et l'intervention que, d'après la Charte, elle devait avoir dans les affaires. Il y réussit pendant longtemps ; mais, un jour, le pays, lassé et mécontent, lui envoya une minorité respectable de députés hostiles ; le roi s'irrita et, en lançant une injure à cette minorité, il manqua aux égards qu'il devait à l'Assemblée, il commença l'attaque. Les protestations, qui depuis près d'une année avaient lieu par les banquets

électoraux, aussi bien dans les départements que dans la capitale, contre cette violation indirecte de la constitution, contre cette tentative sournoise de révolution, s'accentuèrent à Paris ce jour-là d'une manière plus vive et le gouvernement de 1830 s'écroula, le 24 février 1848, à la stupéfaction de tout le monde, sous l'attaque d'une poignée d'hommes mal armés. Ainsi succomba la dynastie d'Orléans pour avoir voulu dominer la Chambre des députés.

Quant au gouvernement impérial, dès que la Chambre des députés, où l'opposition était cependant en minorité, voulut porter son investigation dans la comptabilité, il se sentit perdu, il sentit qu'il serait infailliblement renversé, sinon par cette Chambre où l'opposition était encore peu nombreuse, du moins par celle qui lui succéderait ; pour se sauver il ne vit d'autre moyen que de tenter les hasards d'une guerre qui lui réussit mal, et qui fut un désastre pour la France.

(*h*) C'est vainement que pour disculper les chefs de la Commune quelques-uns de leurs amis prétendent que le principal instigateur des incendies allumés par elle a été l'ex-empereur. Les débats devant le conseil de guerre ont prouvé que plusieurs d'entre eux avaient contribué à ces horreurs par des ordres portant leur signature. Toutefois, les arguments que ces amis font valoir à l'appui de leur opinion ne paraissent pas tout à fait dépourvus de fondement. Les voici :

Il existait dans Paris cinq monuments, cinq locaux, où étaient réunis tous les papiers dans lesquels on aurait pu trouver des documents de nature à compromettre l'empereur, son entourage ou les anciens fonctionnaires de son gouvernement. Ces bâtiments étaient les Tuileries où les gouvernants du 4 septembre avaient fait transporter tous les documents qui concernaient spécialement l'empereur; le ministère des Finances , la Cour des comptes et l'Hôtel de ville où se trouvaient toutes les pièces de la comptabilité des vingt dernières années, puis, enfin, la préfecture de police où se trouvaient une foule de documents propres à dévoiler bien des turpitudes du gouvernement impérial.

Plusieurs de ces monuments, l'Hôtel de ville et les Tuileries par exemple , étaient sinon des forteresses , du moins des points très-favorables pour se défendre et qui, dans toutes les révolutions, n'avaient été abandonnés qu'au dernier moment par ceux qui en étaient maîtres. Les derniers gouvernements y avaient fait aboutir des voies longues et droites pour en rendre la défense plus facile et plus efficace.

Ces monuments, dont plusieurs étaient des points stratégiques que les insurgés avaient intérêt à conserver jusqu'au dernier moment, ont tous été brûlés longtemps à l'avance, longtemps avant que les troupes de Versailles en fussent à proximité, longtemps avant que les insurgés fussent forcés de les abandonner. Le ministère des Finances était en feu dès le dimanche ; il est probable que l'incendie, avant d'éclater, y couvait depuis plusieurs jours ; tout ce qu'il contenait était tellement bien imbibé de pétrole que c'est à peine si au bout de quinze jours le feu a pu être complétement éteint. Les Tuileries étaient en feu dès le mardi, et cependant, le mercredi les insurgés se défendaient encore au Palais-Royal, qui touche les Tuileries, qui était un point stratégique beaucoup moins favorable et où ils ont, néanmoins, tellement prolongé leur défense qu'ils ont été obligés de

se retirer avant d'avoir pu y allumer un incendie complet ;
une aile du bâtiment seulement a été brûlée. La Cour des
comptes, qui avec ses épaisses murailles et ses façades sur
le quai pouvait également servir de point de défense, a été
brûlée plus de vingt-quatre heures avant l'arrivée des
troupes, de fond en comble, avec tous les papiers que le
monument renfermait, sans qu'un seul ait échappé à l'incendie ; le feu y avait été mis avec tant de soin, avec tant
de pétrole, que l'incendie s'est communiqué au loin et a
brûlé près de la moitié de la rue de Lille sans qu'on ait eu
besoin de mettre le feu aux maisons. Il en a été de même
de l'Hôtel de ville.

Qui a pu et dû être le véritable instigateur de ces incendies ? Quels sont ceux qui avaient intérêt à faire ainsi brû-
ler longtemps à l'avance et de fond en comble, sans qu'il
en restât trace, tous les papiers renfermés dans ces monuments ? Ce ne sont ni les chefs de la Commune, ni ceux
qui se battaient pour elle : leur véritable intérêt était au
contraire de conserver ces forteresses jusqu'au dernier
moment pour s'y défendre. *Is fecit cui prodest*, le coupable
est celui qui a intérêt à commettre le crime, dit un proverbe
latin. L'empereur seul et son monde avaient un intérêt évi-
dent, incontestable, à faire détruire tous ces papiers.

(1) En 1848, il y avait une véritable pluie de candidatures
pour l'Assemblée constituante. Les auteurs de la loi électorale, pour donner satisfaction à l'ambition de leurs amis,
qui étaient un peu leurs maîtres et pour calmer leur appé-
tit, portèrent à près de huit cents le nombre des députés à
élire et, s'ils n'avaient craint le ridicule, ils auraient vo-
lontiers doublé ce nombre, sans examiner s'il est facile ou

possible de trouver dans chacune des opinions politiques, dans chacun des partis qui divisent le pays, huit cents candidats, tous personnes réunissant les conditions d'honorabilité, de patriotisme et d'intelligence nécessaires pour faire un bon député et assez connues des électeurs pour que ceux-ci puissent faire leurs choix en connaissance de cause, c'est-à-dire trois à quatre mille candidats au moins. Quelque grand que soit ce nombre, il existe indubitablement en France et même est beaucoup dépassé; mais il manque une chose indispensable po ur que le choix des électeurs puisse se faire judicieusement, c'est la notoriété; il est incontestable qu'il n'existe pas en France trois à quatre mille individus, notoirement connus comme réunissant les qualités nécessaires pour faire de bons députés. Il en résulte que les choix se portent forcément sur des hommes qui remplissent incomplétement les conditions, que plus l'Assemblée est nombreuse, plus la valeur de la moyenne et avec elle la chance d'avoir des lois sagement faites diminue. Ajoutez à cela que, si vous voulez avoir une seconde Chambre, un Sénat composé des grandes capacités et des notabilités du pays, il faudra retrancher des candidats à la députation deux à trois cents membres, ce qui réduira d'autant le nombre de ceux parmi lesquels les électeurs peuvent choisir; il faut encore en retrancher les hommes éminents nécessaires pour former le Conseil d'État, pour les hautes fonctions de l'armée, de la magistrature et de l'administration, qui doivent presque toutes être déclarées incompatibles avec le mandat de député. En outre, plus la responsabilité est partagée, moins elle est réelle; plus les députés seront nombreux, moins ils prendront leur mission au sérieux, moins ils seront assidus aux séances, ce qui peut faire varier d'un jour à l'autre l'esprit de la majorité et nuit à la bonne confection des lois ; moins ils attacheront d'importance à leur vote qui, formant une plus minime partie de l'ensemble, aura peu d'influence, ils le donneront avec plus de légèreté ; on voit ce qui se passe dans les élections actuelles, où le nombre des abstentions est si considérable comparativement à ce qu'il était lors du suffrage restreint.

(*j*) Le retour du gouvernement de la Commune, et surtout la proclamation d'un pareil gouvernement par une Assemblée souveraine, de quelque nom qu'on le décorât, sous quelque nom qu'on le déguisât, serait la chose la plus calamiteuse qui pût arriver au pays. Il faut l'éviter à tout prix et ce doit être, pour les législateurs, l'objet d'une préoccupation constante. Les partisans de l'instruction obligatoire voient en elle un remède au mal, leurs adversaires pensent le contraire. Nous n'entendons pas prononcer entre eux ; mais on ne peut contester l'influence utile qu'aurait une bonne éducation donnée à la jeunesse des classes pauvres dès sa plus tendre enfance ; une éducation où on lui enseignerait que le travail forme la véritable richesse du pays et de l'ouvrier ; que le travail produit dans le cours de l'année une valeur cinq à six fois plus grande que les revenus fonciers et mobiliers cumulés ; que l'intérêt des ouvriers est de respecter la propriété, sous peine de voir bientôt la source du travail se tarir et de voir disparaître avec lui leur principal et leur plus sûr moyen d'existence ; une éducation qui enseignerait à aimer la patrie et à se dévouer pour elle ; qui enseignerait à respecter les parents et inspirerait l'esprit de famille ; qui enseignerait enfin à craindre Dieu et surtout à l'aimer, car la crainte a bien moins de puissance que l'amour sur les âmes fortement trempées, c'est-à-dire sur celles sur lesquelles il est le plus important d'agir, tandis que l'amour de Dieu, profond et inspiré dès le jeune âge, peut enfanter des prodiges.

Si donc il y a dissentiment relativement à l'instruction obligatoire, il ne saurait y en avoir relativement à l'utilité, nous dirons même à la nécessité d'une éducation obligatoire donnée sur les bases que nous venons d'énumérer; une semblable éducation doit donner satisfaction à tout le monde, à ceux qui veulent que l'idée religieuse et l'amour de Dieu soient la base de tout enseignement et à ceux qui réclament à grands cris l'instruction obligatoire. A ces derniers on peut dire : il n'y a pas d'éducation véritable sans qu'on soit en même temps obligé de donner l'instruction, l'éducation exige qu'on répète chaque jour et qu'on mette plusieurs années à inculquer aux enfants les principes de morale dont nous venons de parler; or, pour empêcher que, répétés seuls et trop souvent le même jour, ces principes ne deviennent fastidieux et pénètrent mal dans le cœur des enfants, il est indispensable d'y mêler l'instruction profane, qui y introduira un peu de variété.

Mais pour donner l'éducation générale et obligatoire, une chose, les instituteurs, fait et fera longtemps défaut. Par suite la question des instituteurs laïques ou cléricaux, sujet constant de discussions et de querelles, doit nécessairement s'évanouir. Les avantages et la nécessité de l'éducation sont tellement patents qu'il faut prendre les bons instituteurs partout où on les trouvera, qu'ils soient laïques ou cléricaux, à la seule condition que le gouverne ment veille sur leur moralité, soit très-exigeant sous ce rapport et veille surtout à ce que l'enseignement ne s'écarte pas des principes qui auront été posés par le législateur comme base de l'enseignement et de l'éducation.

Le point principal, celui sur lequel le législateur doit surtout porter son attention et qui pourtant a toujours été ou négligé, ou considéré comme secondaire par ceux qui luttent en faveur de l'instruction, c'est l'instruction et l'éducation des filles; c'est cependant la meilleure base de l'instruction et surtout de l'éducation. L'enfant de l'ouvrier, dans son jeune âge, est peu avec son père, il est au contraire constamment avec sa mère et, si celle-ci a reçu une bonne éducation avec quelque instruction, elle est mieux placée que qui que ce soit pour commencer de bonne heure celle de son enfant et pour faciliter la tâche de l'instituteur.

FIN.

307. — Paris, imprimerie Jouaust, rue Saint-Honoré, 338.